AMOVR MALADE, BALLET DV ROY.

Danſé par ſa Majeſté, le 17. jour de Ianuier 1657.

A PARIS,
Par ROBERT BALLARD, ſeul Imprimeur du Roy pour la Muſique.

M. DC. LVII.

AMOVR MALADE, BALLET DV ROY.

Dansé par sa Majesté, le 17. jour de Ianuier 1657.

ARGVMENT.

DEVX grands Medecins le Temps & le Dépit, apres vne petite consultation qu'ils font sur la maladie dont Amour est affligé, en presence de la Raison qui luy sert de garde, ordonnent pour remede le diuertissement d'vn Ballet facecieux, diuisé en dix Entrées comme en autant de prises, apres chacune desquelles l'vn de ces Consultans chante quelques Vers : Et le Ballet acheué Amour confesse aussi-tost le soulagement qu'il en a receu.

ACTEVRS.

AMOVR. LE TEMPS.
LA RAISON. LE DESPIT.

AMOR MALATO.

La Ragione fà il Prologo.

NOn fate rumore;
Che poco discosto
Offeso nel core
Sen giace indisposto
Il pouero Amore:
Non fate rumore.
Per tanto soffrire
Hor gelido affetto,
Hor caldo martire
Caduto è in vn letto
Con qualche furore:
Non fate rumore.
Io son la Ragione
Che cura ne prendo;
Ma l'egro Garzone
Sà dir che l'offendo
Col troppo rigore:
Non fate rumore.
Il Tempo, e lo Sdegno
Son Medici suoi;
Ma il male è à tal segno,
Che temo ambi doi
Vi perdan l'honore:
Non fate rumore.
Et eccoli à ponto
Quì dunque mi fermo,
Per render lor conto
Di come l'infermo
Passando và l'hore:
Non fate rumore.

AMOVR

AMOVR MALADE.

La Raiſon fait le Prologue.

Paix, paix, ne faites point de bruit,
Amour, le cœur preſſé d'vne douleur extreſme,
Luy de qui tant de gens ſe plaignent jour & nuit,
Souffre & ſe plaint icy luy-meſme:
Paix, paix, ne faites point de bruit.

Pour auoir enduré ſans fruit
Tantoſt d'vne aſpre ardeur le violent martyre,
Et tantoſt les froideurs de l'objet qui le fuit,
Il eſt tombé dans le delire:
Paix, paix, ne faites point de bruit.

Dans la fieure qui le deſtruit,
Moy, qui ſuis la Raiſon, je le garde ſans ceſſe;
Mais le pauure inſenſé croit que mon ſoing luy nuit
Et dit que j'ay trop de rudeſſe:
Paix, paix, ne faites point de bruit.

Le Temps Medecin bien inſtruit,
Et le triſte Depit veulent guerir ſa peine;
Mais je crains en l'eſtat où ſon mal eſt reduit
Que leur ſcience ne ſoit vaine:
Paix, paix, ne faites point de bruit.

Quel bon-heur icy les conduit
En faueur du Malade? il faut que j'y demeure,
Pour faire à ces Meſſieurs vn fidele recit
De ce qu'il a fait d'heure en heure:
Paix, paix, ne faites point de bruit.

IL TEMPO, LO SDEGNO, LA RAGIONE.

Il Tempo.
E Ben che si fà?

Lo Sdegno.
E ben come stà?

La Ragione.
A quello ch' io veggio
Mi par sempre peggio.

Il Tempo.
Non mangià?

La Ragione.
Ben poco.

Lo Sdegno.
Non dorme?

La Ragione.
Non mai.

Il Tempo.
E caldo?

La Ragione.
E di foco.

Lo Sdegno.
Sì lagnia?

La Ragione.
Ben sai.

Il Tempo e lo Sdegno.
Gran male per certo
E il male d'Amore;
Ma credi all' esperto
Di cio non si muore.

Il Tempo.
Tanti Ospedali io mi ricordo, e tanti
Pieni affatto d'amanti
Ammalati, e feriti
E l'ho veduti al fin tutti guariti:

LE TEMPS, LE DEPIT, LA RAISON.

LE TEMPS

COmment se porte-on?

LE DEPIT.

Que fait nostre malade?

LA RAISON.

Son mal me semble grand, & je me persuade
Qu'il empire toujours.

LE TEMPS.

A-il mangé?

LA RAISON.

Bien peu.

LE DEPIT.

Dort-il?

LA RAISON.

Iamais.

LE TEMPS.

Il brusle?

LA RAISON.

Il est toujours en feu.

LE DEPIT.

Se plaint-il quelquefois de l'ardeur qu'il endure?

LA RAISON.

Helas! incessamment il se plaint & murmure!

LE TEMPS & LE DEPIT.

C'est sans doute vn grand mal que celuy de l'Amour,
Mais jamais de ce mal on n'a perdu le jour.

LE TEMPS.

Tant de lustres passez, & tant d'Olympiades
Qui m'ont instruit en l'art de guerir les malades,
M'ont fait voir de ceux-cy remplir les hospitaux,
Mais tous en sont sortis bien gueris de leurs maux:

Che ſe moriron già Piramo, e Tiſbe
Come Leandro, & Ero
Fù perche all' hor tal male era più fiero;
Ma poſcia à poco à poco
Li ſecoli più ſcaltri
Reſo l' han ſi leggiero,
C'hoggi d'Amore ogni gran malatia
E ſol galanteria.

Lo Sdegno.

Anzi che ſi confondono ſouente
Con ſimil male il ſenſo, e l'intereſſe,
La vanità, l'inuidia, & il rancore,
Et in fin la Politica tal volta
Paſſa per mal d'Amore.

La Ragione.

E quanti anche vi ſon che per godere
Sol di certi rimedij delicati
Si fingono ammalati.

Il Tempo.

Ma per frodi ſi indegne
Io la mia polue adopro
E toſto, ò tardi al fin tutte le ſcopro.

Il Tempo, lo Sdegno, e la Ragione.

Gran danno
Che fanno
Sì ree falſità
Alle vere infermità.
Speſſo il bianco in Amor paſſa per negro
Si cura il ſano, e non ſi crede all' egro.

IL TEMPO, LO SDEGNO, LA RAGIONE, AMOR in letto.

Il Tempo.

MA vediamo l'infermo

La Ragione.

Eccolo, ah piano
Piano, ch' egli ripoſa.

AMOUR.

Que si jadis Leandre, Hero, Tisbé, Pyrame,
Ont par luy de leurs jours senty couper la trame,
C'est qu'en ces premiers temps il fut plus furieux;
Mais les siecles derniers bien plus industrieux
Contre ce mal cruel s'estans mis en defence
Ont insensiblement calmé sa violence,
Et ce qu'on estimoit autrefois vn tourment
N'est que galanterie & diuertissement.

LE DEPIT.

Ceux que le peuple croit par vne erreur grossiere
Souffrir des traits d'Amour l'atteinte la plus fiere,
Sont malades souuent d'exces de vanité,
D'enuie & d'interest, ou bien de volupté,
Et mesmes quelquefois on a mis en pratique
De colorer d'amour la fine Politique.

LA RAISON.

Et j'en connois encor qui tous pleins de santé
Faignent adroitement d'estre à l'extremité,
A dessein d'obtenir des dames pitoyables
Certains medicamens qu'ils trouuent agreables.

LE TEMPS.

Tout ce déguisement que je ne puis souffrir
Tost ou tard par mes soins vient à se descouurir.

TOVS ENSEMBLES.

Le grand mal! qu'en Amour causent ces impostures
A ceux qui sont atteints d'effectiues blessures!
On ne discerne plus le vray d'auec le faux,
Et souuent, negligeant de veritables maux,
On donne vainement recette sur recette
A tel qui joüissoit d'vne santé parfaite.

LE TEMPS, LE DEPIT, LA RAISON, AMOVR dans le lit.

LE TEMPS.

IL faut voir le malade.

LA RAISON.

Aprochez le voilà;
Mais ne l'éueillez pas, je croy qu'il dort, paix-là.

Amor.

Oh pensier vano
A lumi aperti, ò chiusi io sempre veglio.

Lo Sdegno.

Come và la salute?

Amor.

Eh molto meglio.

Il Tempo.

Conuien chiederne al polso.

Amor.

Io amo, io ardo,
Sospirando mai sempre.

Il Tempo.

Oh l'è frequente.

Amor.

Et hò mille sospetti.

Il Tempo.

Ohimè s'imbroglia.

Amor.

Onde souente hò voglia
D'abhorrir chi m'inganna.

Il Tempo.

E intermittente;
Il malè è graue.

Lo Sdegno.

Ohime che polso hà tutte
Le qualità mortali in se ristrette
E frequente s'imbroglia, & intermette.

Il Tempo.

Le duole il capo?

Amor.

Non mi duol niente.

Il Tempo.

Hipocrate ben dice
Chi deprauato hà il senno il mal non sente.

AMOVR.

Raiſon, que vainement tu crois que je ſommeille!
Les yeux ouuerts ou clos inceſſamment je veille.

LE DEPIT.

Le beau malade! & bien comment vous portez-vous?

AMOVR.

Sans doute beaucoup mieux.

LE TEMPS.

Taſtons vn peu ſon poulx.

AMOVR.

Ie me ſens tout en feu, ſans ceſſe je ſoupire.

LE TEMPS tenant le bras d'Amour.

O dieux! qu'il eſt frequent!

AMOVR.

Mais mon plus grand martyre
Vient de mille ſoupçons qui font naiſtre dans moy
Le deſſein de quitter qui me manque de foy.

LE TEMPS.

Il eſt intermittent; dieux! comme il s'embaraſſe!
D'vn mal tres-dangereux ce mouuement menace.

LE DEPIT.

Quel poulx! I'y reconnois dés le premier abord
Toutes les qualitez qui preſagent la mort.

LE TEMPS.

La teſte vous fait mal?

AMOVR.

Ie n'ay douleur aucune,
Et pour dire le vray voſtre ſoin m'importune.

LE TEMPS.

Le mal eſt dangereux qui nous trouble à tel point
Qu'au fort de ces accés nous ne le ſentons point.

Lo Sdegno.

Vediam la lingua.

Amor.

Tutt' ardore è la beltà
Sono i rai lampi cocenti,
Fiamme i crini in quantità,
E la bocca bragie ardenti
Ond' ogn' alma si disfà
Tutt' ardore è la beltà.

Lo Sdegno.

Oh che lingua infiammata?

Il Tempo.

Oh che lingua infocata?
Forz' è c' habbia gran sete?

La Ragione.

E pure in tanto,
Che và bramando nettari amorosi,
Non hà per mitigarla altro ch'il pianto.

Amor.

A dirti il vero, ò mia
Rigorosa custode!
Non sanno questi Medici che sia
L'ardor c' hò nelle vene;
Mi credon moribondo, & io stò bene;
Et ecco nella mente
Mi rinasce vn pensier ben risoluto
Di non far più ritorno
A quell' empio sogiorno
Doue il mio mal principio hebbe, e rifiuto
Di pietosi rimedi

Il Tempo, la Ragione, e lo Sdegno.

Se gli freddano i piedi;
Anzi fra sentimenti si gelati
Parmi che manch' e tremi.

Lo Sdegno.

Dicono gl' Aforismi più approuati
Ch' inditio sempre son di febre noua
All' hor che si rifreddano gl' estremi.

LE DEPIT.

LE DEPIT.

Vostre langue?

AMOVR extrauagant.

L'objet qui captiue mon ame
N'est qu'ardeur & que flame,
Ces yeux toujours estincelans
Paroissent des éclairs brûlans,
Tant leur lumiere est surprenante;
Et sa bouche haute en couleur
N'est pas moins qu'vne braise ardente
Capable de brûler vn cœur:
L'objet qui captiue mon ame
N'est qu'ardeur & que flame.

LE DEPIT.

Sur cette langue en feu nous voyons clairement
Qu'il s'allume en son sein vn grand embrasement.

LE TEMPS parlant à la Raison.

Il est fort alteré?

LA RAISON.

Vous le pouuez bien croire,
Mais loin du doux nectar qu'il desire de boire,
Ce malheureux enfant n'a que l'eau de ces pleurs
Pour moderer l'excés de ces viues chaleurs.

AMOVR à la Raison.

Aprenez, ô ma garde! vn peu trop vigilente,
Que l'on ne connoist pas l'ardeur qui me tourmente,
On me traite en malade alors que je suis sain;
Cependant je medite vn genereux dessein
De ne plus retourner sous l'injuste puissance
Qui du mal que j'endure a causé la naissance.

LE TEMPS, LA RAISON, LE DEPIT.

Ses pieds sont déja froids & ce grand tremblement
Marque de la nature vn entier manquement.

LE DEPIT.

Ce froid d'extrémitez que ce malade endure
Est tenu dans nostre art pour vn mauuais augure.

Il Tempo, la Ragione, e lo Sdegno.

Se trà gl' amanti
Chi in doglie stà
Fia che si vanti
Di sanità
Peggiorerà
Contr' Amor ciò ch' vn sa dire
Tutto è mentire;
Chi guarito è dà ver lieto, e felice
Fa' da sano, e non lo dice.

Il Tempo,

Ma senza più tardare
Tiriamoci da parte à consultare.

Lo Sdegno.

Al polso, & a i deliri,
Et à i frequenti, e ben caldi sospiri
Parmi ch' il mal del nostro egro languente
Non sia che febbre ardente;
Anzi il di lui pronostico è vitale
Perche vn si fatto male
(De cui Galen si ride,)
Riduce ben tal volta
All'agonia qualq' vn mà non vccide.
Per rimedio vorrei (se fosse grato)
Dargli del mio antimonio preparato,
Che recer gli farrà quel c'hà nel petto
Cangiando in odio vn si dannoso affetto.

La Ragione.

Non fia mai che io permetta
L'vso di tal recetta;
Perche con qualità spesso nociue
Fà peggiori del mal le recidiue.

Jl Tempo.

Che di quest' egro il mal sia male acuto,
E ch' il presagio sia senza periglio
E' mio parer anchor; ma non consiglio
Il rimedio proposto,
E' vorrei che più tosto
Scritt' in vn breue foglio

LE TEMPS, LE DEPIT, LA RAISON, ensemble.

Quand auec tant de vanité
Vn pauure amant nous dit qu'il reprend sa santé
Nous deuons juger qu'il empire :
Et quoy que son cœur irrité
Contre l'Amour luy fasse dire,
Il ne dit point la verité.
Quiconque est bien guery veut bien moins le parestre,
Et vit en homme sain sans se vanter de l'estre.

LE TEMPS.

Nous voila bien instruits, consultons entre nous.

LE DEPIT.

De cette extrauagance & de ce mauuais poulx,
Ioints auec cette haleine & courte & languissante,
Je juge que ce mal est vne fieure ardente :
A dire vray pourtant j'en espere fort bien ;
Car ce mal dont se rit le sçauant Galien
Jusqu'à l'extrémité porte souuent les hommes,
Mais n'en fait plus mourir dans le siecle où nous sommes.
De l'Antimoine expres de ma main preparé
Y seroit ce me semble vn remede asseuré,
Et chassant de son sein l'humeur qui fait sa peine,
Ce fascheux mal d'amour se changeroit en haine.

LA RAISON.

Ce ne sera jamais de mon consentement
Que l'on luy fera prendre vn tel medicament,
Dont la force nuisible à tout ce qui respire
N'appaise point vn mal sans en causer vn pire.

LE TEMPS.

Ie trouue comme vous qu'icy l'on peut juger,
Et que le mal est grand, & qu'il est sans danger ;
Mais pour remede, au lieu de celuy qu'on propose,
Ie voudrois tous les jours luy donner vne dose

La crudeltà, l'orgoglio,
La perfidia, e l'inganno
Di colei ch'è cagion d'vn tale affanno,
Se ne facesse all' hor ch'egli più spasma.
Alla di lui memoria vn cataplasma.

Lo Sdegno, Il Tempo, e la Ragione.

Buon rimedio in verità
Ch' à guarir sarà gioueuole
D'vn affetto irragioneuole
L'ostinata prauità.
Perche solo ottien vittoria
Contr'ogn' vno empia beltà
Con far perder la memoria
Delle offese ch'essa fà.

Amor.

Non voglio guarire
Lasciatem' andare
Più tosto morire,
Che più non amare;
D'ogn' altro gioire
Più vaglion mie pene
Megl' è il male in amor, ch' altroue il bene.

Il Tempo.

La febbre à quel ch' io sento
E' già nell' agumento.
Ondè in tanto che l'altro
Ordinato rimedio si prepari,
Che potrià tardar troppo;
Ordinargli conuien qualche siroppo.

Recipe di spropositi vn Balletto
Con vn poco di Musica meschiato
Se ne faccia vno suario à dar diletto
E si prenda qual' hor sia preparato.

Amor.

Chi' soffre contento
Conosce ben come
La gioia, e 'l tormento
E'vn cambio di nome;
Di nulla pauento
Sian fiamme ò catene,
Meglio è il male in amor ch' altroue il bene.

D'vn

D'vn Syrop composé de l'orgueil, des rigueurs,
Des fourbes de l'objet qui cause ses douleurs,
Et qu'on luy fit vser de cet amer breuuage
Quand on void que son mal le presse d'auantage.

TOVS TROIS ENSEMBLE.

Cette recette asseurément
Est fort sagement ordonnée
Pour guerir le déreglement
D'vne passion obstinée :
C'est l'vnique secret de ces fieres beautez
Qui sçauent si long-temps conseruer leur victoire,
De faire perdre la memoire
De leurs insignes cruautez.

AMOVR.

Non, non, je ne veux point guerir,
Ie cheris mon mal, quoy qu'extréme,
Et je me resous à mourir
Plustost qu'à quitter ce que j'ayme:
Quand je pense à l'objet de mes ardens desirs
Ie prefere à tous biens le mal dont je soupire,
Et crois qu'en amour le martyre
Contente plus vn cœur que les autres plaisirs.

LE TEMPS.

Pendant que ce remede à loisir ce dispose,
On peut flater son mal de quelque peu de chose:
Faites donc vn Ballet court & facecieux,
Meslez-y quelques Airs des plus melodieux,
Qu'on haste le remede & que sans plus attendre
Sitost qu'il sera prest on le luy fasse prendre.

AMOVR.

Celuy qui souffre constamment
Les doux ennuis que l'Amour cause,
Se persuade fortement
Qu'en amour plaisir & tourment
Ne sont rien que la mesme chose,
Que l'on nomme differemment.

Il Tempo, la Ragione, e lo Sdegno.

Al rimedio sù sù
Nò non si tardi più,
Ch'in Amor come ogn' vn sà
Mai l'indugio non giouò,
E chi può resanarsi, e non lo fà
Quando poi vol non può.

LE TEMPS, LA RAISON, LE DEPIT.

Preparons donc d'vne main diligente
Les medicamens resolus:
Celuy qui peut guerir du mal qui le tourmente,
S'il en laisse passer l'occasion presente,
Souuent pour elle apres fait des vœux superflus,
Et la voulant trouuer ne l'a retrouue plus.

On commence le Ballet.

PREMIERE ENTRE'E.

Le Diuertiſſement fait la premiere Entrée, accompagné de quelques vns de ſes ſuiuants, qui compoſent vne Muſique d'inſtruments.

Lo Sdegno.

PArmi che non riſiute
Vn rimedio ſi grato,
E gradir' in amor d' eſſer curato
Gran principio è di ſalute.

LE DEPIT.

SAns beaucoup de difficulté
Il auale ce doux breuuage;
Dans l'amoureuſe infirmité
Quand du remede on peut ſouffrir l'vſage
On commence d'eſtre en ſanté.

II. ENTRE'E.

Deux Aſtrologues pourſuiuis chacun par ſon propre malheur, taſchent en vain par le moyen de leur art d'attraper le bon-heur.

Il Tempo.

L'Aſtrologia d'amor ſempre ingannò
Perche gl' aſtri di lui ſon tutti infidi;
E quel ch' in verità
Nel cupo cor di femina s'annidi
Chi mai l'indouinò?
O l'indouinera!

LE TEMPS.

LE TEMPS.

HElas! ce n'est pas de ce jour
Que l'Astrologie en amour
A predit de fausses nouuelles!
Les Astres y sont infideles:
Et ce qui veritablement
Est caché dans le cœur des belles
Ne se void jamais clairement.

III. ENTRE'E.

Deux chercheurs de tresors sont joüez par deux Esprits folets, mais enfin rudement battus par quatre Demons.

La Ragione.

QVanti poueri amanti
E d'amor, è di fè cercan tesori
Che fra gelosi horrori
Non trouan' altro al fin che pene, e pianti.

LA RAISON.

Combien de malheureux amans
Qui cherchent des tresors d'amour & de constance,
Apres mille trauaux & mille égaremens
Ne trouuent à la fin que peine & que souffrance!

IV. ENTRE'E.

Quatre braues Galands se battent pour vne querelle arriuée en la conuersation qu'ils ont euë auecque deux Coquettes.

Le Damigelle delle Cochette.

E Che sarebbe amor senza Cochette?
Foco priuo d'ardor
Arco senza saette.
E che sarebbe amor senza Cochette?
Più forza al rispetto
Men prouoca affetto
Honesta bellezza;
Mortal peste in amore è la sagezza.

LES SVIVANTES DES COQVETTES.

QVe deuiendroit l'Amour s'il n'estoit des Coquettes
Ce dieu fuit le respect & cherche l'enjouëment;
Vne beauté seuere attire foiblement
Et les Galands & les fleurettes:
Que deuiendroit l'Amour s'il n'estoit des Coquettes?

V. ENTRE'E.

Vnze Docteurs reçoiuent vn Docteur en Asnerie, qui pour meriter cet honneur soustient des Theses dediées à Scaramouche.

Li Dottori.

OH bene, oh bene, oh bene
S'incoroni sù sù:
E che potea dir più
Vn Filosofo di Athene?
Oh bene, oh bene, oh bene.

LES DOCTEVRS.

FAisons raisonner jusqu'aux Cieux
Les loüanges de sa sagesse,
Et qu'auroient pû dire de mieux
Tous les Philosophes de Grece?
Faisons raisonner jusqu'aux Cieux
Les loüanges de sa sagesse.

VI. ENTRE'E.

Huit Chasseurs vont à la chasse auec des tambours.

Il Tempo.

ALla caccia d'Amore
Quasi ogn'vn si trastulla
Ma quanti in essa al fin non prendon nulla
Perche fan troppo rumore.

LE TEMPS.

L'Amour est vne douce chasse
Où l'on s'exerce iour & nuit;
Mais plusieurs y courent sans fruit;
Et ce qui cause leur disgrace,
C'est qu'ils chassent à trop grand bruit.

VII. ENTRÉE.

Deux Alchimiſtes veulent changer le mercure en argent, & le ſuccés impreueu de cette entrepriſe, donne occaſion à ſix Mercure qui paroiſſent de ſe mocquer d'eux.

Lo Sdegno.

VOler con fede eſimia
Render fedele vn cor ch' ogn' hor tradì
E vn' amoroſa Alchimia
Che mai non riuſcì.

LE DEPIT.

DIeux! que ie plains vn malheureux amant
Qui ſe pretend faire aymer conſtamment
D'vne beauté legere & déloyale!
Vouloir faire ce changement,
C'eſt trauailler bien vainement.
Et la pierre philoſophale
Se treuueroit plus ayſément.

VIII. ENTRÉE.

Six Indiens & ſix Indiennes baſannez portent des paraſols pour ſe defendre du haſle.

La Ragione.

QVeſte genti dal ſol foſche già reſe
Tardo ſchermo trouàro;
E da i raggi d'amor quant' alme offeſe
Cercan tardo ripàro.

LA RAISON.

CEs Indiens que nous voyons
Apres que le Soleil a noircy leurs viſages
Euiter auec ſoin l'ardeur de ſes rayons,
Ne nous paroiſſent pas trop ſages:
Mais combien d'amants incenſez
Semblent les imiter par leur tardiue crainte,
Et qui des traits d'Amour veulent parer l'atteinte
Lors ſeulement qu'ils s'en trouuent bleſſez.

IX. ENTRE'E.

Iean Doucet & ſon Frere veulent tromper quatre Bohemiennes.

Il Tempo.

TRa gl'amanti che fan tanto gl'eſperti,
E ſtan con gl'occhi aperti
In ſentinella ogn' hor contro i ſoſpetti,
Oh quanti Gian Duſſetti ?

LE TEMPS.

PArmy ces galands d'importance
Qui ſont jaloux iuſqu'à l'excés,
Et qui penſent par leur prudence
Preuoir & preuenir les dangereux ſuccés,
Combien eſt-il de Ieans Doucets ?

DERNIERE ENTRE'E.

Vne nopce de Village.

Li Villani.

CHi negar potrà che domini
Del giuditio in noi l'oppoſito
Si può dar magior ſpropoſito
Che le nozze de pouer' homini ?
Per produr gente mendica
Al diſpreggio, e alla fatica.

LES PAYSANS.

QVi nous prendroit pour gens d'entendement
Se tromperoit bien lourdement ;
Eſt-il ſottiſe plus certaine
Que le mariage des gueux ?
Qui n'ont pour ſuccés de leurs vœux
Que de faire des malheureux
Pour le meſpris & pour la peine.

APRES

APRES LE BALLET DANSÉ, AMOVR CHANTE.

Amor.

OH quanto mi giouò
Questo suario gentile
Onde il mio cor cangiò
In dolce tregua il suo penòso stile;
Hor mi aueggio che fuori
De gl' amorosi ardori
In lieta libertà viuer si può.
Oh quanto mi giouò.

AMOVR.

O! *Que ce diuertissement*
M'a donné dans mes maux vne treue agreable!
Ie sens bien depuis vn moment
Que mesme n'estant point amant
On peut gouster vn plaisir veritable.

LE TEMPS, LE DEPIT, LA RAISON, AMOVR.

Tutti.

E'Cco il rimedio vero
Che contro Amor preuale,
Disuezzare il pensiero
Di pensar al suo male:
Fiamme, strali, catene
Non son poi che parole;
Dall' amorose pene
Si risana chi vole.

TOVS ENSEMBLE.

Q*Vi des-accoustume son cœur*
De penser au mal qui l'accable,
Contre l'amoureuse langueur
Trouue vn remede incomparable:
Nous reconnoissons chaque iour
Que les traits, les flames, les chaisnes,
Ne sont que des paroles vaines,
Et qu'on peut, quand on veut, guerir du mal d'amour.

FIN DES VERS DV BALLET.

VERS
DV BALLET
DV ROY.

VERS DV BALLET DV ROY.

PREMIERE ENTRE'E.

Le Diuertissement fait la premiere Entrée, accompagné de quelques-vns de ses suiuants, qui composent vne Musique d'instruments.

LE ROY, *le Diuertissement.*

Les Sieurs Moliere, Beauchamp, De Lorge, Du Pron, Tissu, Hitier, Pinel, Pequigny, Garnier, Richard, Dalissan, Couperain, Martin le pere, Martin l'aisné, Martin le Cadet, La Marre, Varin, Sibert, & S. André, *Suiuants.*

Pour LE ROY representant *le Diuertissement.*

Vous a qui le chagrin déplaist infiniment,
Belles, qui n'auez rien que le plaisir en teste,
Vous ne sçauriez trouuer de Diuertissement
Qui soit plus agreable, & qui soit plus honneste:
N'en cherchez point vn autre, arrestez-vous icy,
Croyez qu'il n'en est point qui vaille celuy-cy,
Il est doux, & n'a rien qui lasse & qui dégouste;
Vne Reyne apres tout de bon cœur le prendroit,
Mais la dificulté que j'y voy, c'est qu'il couste,
Et que l'on ne peut pas l'auoir comme on voudroit.

Au reste qu'vn Amant vous cause vne langueur,
Et qu'il tienne en secret vostre ame embarassée,

Ce DIVERTISSEMENT *vous l'ostera du cœur*
Et vous inspirera toute vne autre pensée:
Vous ne vistes jamais de changement si promt,
Vos feux seront esteints, vos chaisnes se rompront,
Il faut qu'à son pouuoir toute puissance cede;
Mais de peur d'vn abus qui vous seroit fatal,
Je ne vous répons pas aussi que le remede
Ne deuienne à la fin plus cruel que le mal.

II. ENTRE'E.

Deux Astrologues poursuiuis chacun par son propre malheur, taschent en vain par le moyen de leur Art d'attraper le bon-heur.

Le Duc Danuille, *le Bon-heur.* M. Barbau, & S. Fré, *Astrologues.* M. Coquet, & le Noble, *Malheurs.*

Le Duc Danuille, representant *le Bon-heur.*

SI ce n'est toujours malheur
Qu'aymer, c'est toujours douleur;
I'ayme, & suis le Bon-heur *mesme,*
Parce que je croy qu'on m'ayme:
Helas! on m'ayme en effet;
Cependant ma peine monstre
Que sur terre on ne rencontre
Jamais vn Bon-heur parfait.

III. ENTRE'E.

Deux chercheurs de tresors sont jouëz par deux Esprits folets, & enfin rudement battus par quatre Demons.

Le Comte de Seri, & M. de Rassan, *Esprits.*

M. Cabou, & le Sieur Beauchamp, *Chercheurs de Tresors.* Le Marquis de Genlis. Les Sieurs Moliere, De Lorge, & Renald, *Demons.*

Pour le Comte de Seri, & M. de Rassan, representans *deux Esprits folets.*

SOmmes nous pas brillans autant qu'on le peut estre?
Et vous qui nous craignez pendant l'obscurité;
Ayans tant de justesse & tant d'agilité,
N'apprehendez-vous point de nous voir disparestre?

Pour le Marquis de Genlis, repreſentant *vn Demon.*

LEs Dames ſans frayeur me trouuent ſur leur voye,
Ma taille eſt aſſez belle & j'ay l'air aſſez bon;
Auſsi le maſque ſeul empeſche qu'on ne voye
Par où je ſuis le plus Demon.

IV. ENTRE'E.

Quatre braues Galands ſe battent pour vne querelle arriuée en la conuerſation qu'ils ont euë aueccque deux Coquettes.

Le Comte de S. Aignan, & le Sieur Langlois, *Braues.*
Meſſieurs Ioyeux, & la Cheſnaye, *Coquettes.*
M. Bontemps, & le Sieur Bruneau, *Braues Jaloux.*
Mademoiſelle Hilaire, & Mademoiſelle de la Planche, *Suiuantes des Coquettes.*
Chaumont, Ladorée, Des Griottes, Le Page, Bonard, & Broüard, *Pages.*
Ambroiſe, & Marteau, *Laquais.*

Pour le Comte de S. Aignan, repreſentant *vn braue Jaloux.*

AYmables Beautez, entre nous
Je fais ſemblant d'eſtre Jaloux,
De cette paſsion j'ay l'ame dépourueuë,
Et ne l'a cognois que de veuë:
Mon cœur a toujours eu des ſentimens meilleurs,
Et ſur ce point là, comme ailleurs,
Je ſuis trop glorieux pour prendre de perſonne,
Mais volontiers je donne.

Pour deux Coquettes repreſentées par Meſſieurs de la Cheſnaye, & Ioyeux,

QVe c'eſt vn ſot commerce! & qu'on hait l'entretien
De ces froides Beautez qui ne panchent à rien!
Deſirez-vous entrer dans l'ordre des Coquettes?
Ayez beaucoup d'Amans & les ménagez bien,
Voyla toutes vos preuues faites.

Chanson des Coquettes.

IL est vray nos charmes vainqueurs
N'auroient pas trop de tous les cœurs,
Mille Amours nous suiuent sans cesse;
Et l'embarras nous semble doux,
Quand il est causé par la presse
De ceux qui soupirent pour nous.

Nous aymons à vaincre d'abord,
Et n'est point d'amoureux transport
Contre qui nostre humeur s'irrite:
Aussi selon nos sentimens,
C'est la preuue d'vn grand merite
D'auoir vn grand nombre d'Amans.

Chanson contre les Ialoux.

QVe les Jaloux sont importuns!
Et quel malheur d'estre reduite
A la mercy de ces Tyrans communs!
Qu'il couste cher de les auoir soumis!
Puisqu'on a toujours à sa suite
Des Amans faits comme des Ennemis.

Ils sont méchans & soupçonneux,
Il n'est point de bonne conduite
Qui ne paraisse vn crime deuant eux.
Qu'il couste cher, &c.

Dialogue des Coquettes contre les Ialoux qui se battent.

LA PREMIERE.

TOujours ces incensez viennent mal-à-propos.

LA SECONDE

Toujours mal-aisément leur caprice s'apaise.

LA PREMIERE.

Helas! ne sçauroit-on soupirer en repos?

LA SECONDE.

Helas! ne sçauroit-on s'entre aymer à son aise?

TOVTES

TOVTES DEVX.

N'accorde, Amour, trêue ny paix
A ces Amans nez pour déplaire,
La guerre est juste & necessaire
Si les Ialoux y sont deffaits.

Pour les Pages & les Lacquais des Ialoux & des Coquettes.

COquettes & Jaloux ont l'œil bien désillé,
Et leur suite doit estre en vigilance experte;
Comme les Maistres sont à l'erte,
Le Train n'est pas moins éueillé.

V. ENTRE'E.

Vnze Docteurs, reçoiuent vn Docteur en asnerie, qui pour meriter cet honneur soustient des Theses dediées à Scaramouche.

Baptiste, *Scaramouche.*

Lerambert, *l'Asne Docteur dédiant sa These à Scaramouche.*
Du Moustier, Lambert, Geöffroy, la Barre l'aisné, Donc, Grenerin, Des-Airs le Cadet, Vagnac, Laleu, Bonnard, Broüard, *Docteurs.*

Pour Baptiste Compositeur de la Musique du Ballet, *representant Scaramouche.*

AVx plus sçauans Docteurs je sçay faire la loy,
Ma grimace vaut mieux que tout leur preambule;
Scaramouche en effet n'est pas si ridicule,
Ny si Scaramouche que moy.

VI. ENTRE'E.

Huit Chasseurs vont à la chasse auec des tambours.

Messieurs la Chesnaye, Ioyeux, Cabou, & Barbau, les sieurs Verbec, Doliuet. Feurier, & S. Fré.

Pour des Chasseurs à grand bruit.

En Amour, quoy que pourchasse
Vn grand crieur, c'est sans fruit;
Il faut bien pour cette chasse
Autre chose que du bruit:
On se glisse, l'on s'écarte,
On attend patiemment,
Et l'on va tout doucement
De peur que le Gibier parte.

VII. ENTRÉE.

Deux Alchimistes veulent changer le mercure en argent, & le succés impreueu de cette entreprise, donne occasion à six Mercures qui paroissent de se mocquer d'eux.

Les Sieurs Beauchamp, & Donc, *Alchimistes.* Le Comte de Seri, & le Marquis de Genlis, les sieurs Renald, Dupron, la Marre, & Toury, *Mercures.*

Le Comte de Seri, *representant vn Mercure.*

Qve d'honneur à la beauté
Par qui je suis arresté,
D'auoir osé l'entreprendre!
Car de mon temperament,
I'échape à qui me veut prendre,
Et me fixe rarement.

Le Marquis de Genlis, *representant vn Mercure.*

Vous trouuerez en moy plus d'vne qualité,
De l'esprit, vn peu de bonté,
De l'addresse, & par interualle
Quelque lüeur de probité;
Mais d'y chercher de la beauté,
C'est la pierre Philosophale.

VIII. Entrée.

Six Indiens, & six Indiennes basannez portant des Parasols pour se defendre du hasle.

Le Marquis de Villeroy. Messieurs Coquet, & Barbau. Les Sieurs Moliere, Langlois, & De Lorge, *Indiens.*
M. Bontemps. Les Sieurs S. Fré, le Noble, Verbec, Des-Airs l'aisné, Des-Airs le Cadet, *Indiennes.*

Pour les Indiens & les Indiennes portant des Parasols.

QVelle precaution peut-on mettre en vsage
Contre tant de Soleils dont on ressent l'ardeur,
Quand il ne s'agit plus de sauuer le visage,
Et qu'il est question de garentir le cœur?

IX. Entrée.

Iean Doucet & son Frere voulant tromper quatre Bohemiennes.

Les Sieurs Hance, & Doliuet, *Iean Doucets.* Messieurs de la Chesnaye, & Ioyeux. Les Sieurs Lambert, & Geoffroy, *Bohemiennes.*

Pour Iean Doucet & son frere, *voulant tromper des Bohemiennes.*

QVand vn homme fait le braue,
Et se croit en seureté
Pres d'vne aymable Beauté
Qui tasche à le rendre esclaue,
Et qu'elle employe à cela
Finement tout ce qu'elle a
De charmes & de jeunesse,
Il est comme Jean Doucet
Aupres d'vne Larronnesse
Qui foüille dans son goucet.

DERNIERE ENTRÉE.

Vne Nopce de Village.

Concert champestre de l'Espoux.

Les Sieurs Obterre le pere, Obterre fils aisné, Obterre le cadet, Piechet, Brunet, Descousteaux, Destouches, Pelerin, Nicolas, & Alais.

Le Marquis de Villeroy, *L'Espoux.* Le Duc Damuille, *L'Espouse.*

Le Macquis de Genlis, & M. Cabou, *Peres des Mariez.*
Le Comte de Seri, & M. de Rassan, *Meres des Mariez.*

Parens & Amis des Mariez.

LE ROY.

Le Comte de S. Aignan. M. Bontemps.
Les Sieurs Moliere, Verpré, Langlois, De Lorge, Bruneau, Des-Airs l'aisné, Des-Airs le cadet, Renald, & le Noble.
Les Sieurs Baptiste, & Beauchamp, *Violons.*

Le Marquis de Villeroy, representant *le Marié.*

ME voila donc Marié,
Mais veu ma taille & mon aage,
Rien ne sera décrié
Comme mon pauure mesnage,
Et comment me comporter
Pour ne pas tant meriter
Qu'on me foüette ou qu'on me gronde?
C'est vn fardeau qu'épouser,
Et s'il peze à tout le monde,
Ne doit-il pas m'écraser?

Pour le Duc Damuille, representant *la Mariée.*

FAire ainsi l'Espousée, est fort peu conuenable
Pour vn pauure Amoureux las de viure en garçon:
Dieu vueille qu'on en voye vne bien veritable
Qui soit de ma façon.

Pour

Pour LE ROY, repreſentant vn des Parens & Amis des Mariez.

DAns nos campagnes il court
Vn bruit ſourd,
Que tous les Beaux de mon âge
Danſent à ce Mariage
Non pas ſi bien que moy, mais de meilleur courage;
A ſon gré chacun diſcourt,
Et l'on en conte au Village
Quelquefois comme à la court.

L'Amy le plus apparent
Et Parent,
N'eſt point faſché ce me ſemble,
Toute Nopce ſe reſſemble,
Et l'on voit ſans chagrin les Mariez enſemble;
Pourquoy s'aller figurant
Que le nœud qui les aſſemble
M'incommode en les ſerrant?

Pour Monſieur le Comte de S. Aignan, *repreſentant vn des Parens & Amis des Mariez.*

NOus conſentons librement
A ce que feront les autres,
Leurs volontez ſont les noſtres,
Et je jure hautement
De n'agir point autrement.

FIN DV BALLET.

www.ingramcontent.com/pod-product-compliance
Lightning Source LLC
LaVergne TN
LVHW021635170726
843501LV00007B/2225

* 9 7 8 2 3 2 9 6 4 9 6 4 1 *